Cuentos para sentir

Primera edición: octubre 2004
Sexta edición: junio 2010

Proyecto y dirección editorial: María Castillo
Coordinación técnica: Teresa Tellechea
Diseño: Pablo Nuñez
Maquetación: Juan Pedro Cantero

© Del texto: Begoña Ibarrola, 2004
© De las ilustraciones: Paz Rodero, 2004
© Ediciones SM, 2004 – Impresores, 2 – Urbanización Prado del Espino
   28660 Boadilla del Monte (Madrid)
   www.grupo-sm.com

ATENCIÓN AL CLIENTE
Tel.: 902 12 13 23
Fax: 902 24 12 22
e-mail: clientes@grupo-sm.com

ISBN: 987-84-675-0258-9
Depósito legal: M-25305-2010
Impreso en España / *Printed in Spain*
Imprenta: Capital Gráfico, S.L.

Peligro en el mar

Begoña Ibarrola

Ilustraciones de Paz Rodero

sm

6

Esta es la historia de un caballito de mar llamado Quino
que vivía con su familia en una zona muy bonita del océano,
rodeado de corales, erizos de mar, cangrejos, peces y plantas.

Su vida era muy tranquila hasta el día en que
el delfín Bailón dio a todos los habitantes del lugar
una noticia muy preocupante:

8

-Amigos, vengo de explorar los límites de nuestro territorio:
he visto una gran mancha negra que se dirige
hacia donde nosotros vivimos.

Todos se miraron muy preocupados.

Tenían que hacer algo inmediatamente.

Quino tenía un gran amigo, el cangrejo Casimiro:

con él jugaba al escondite, pero ese día no jugaron,

se pusieron a comentar la noticia.

-¡Qué desgracia!- decía Casimiro desesperado-
¡No sé qué va a ser de nosotros!
¡Seguramente moriremos todos!

Quino era más optimista y le contestó:

12

-No te preocupes, Casimiro. El delfín Bailón ha dicho
que la mancha negra tardará dos días en llegar.
Vamos a pensar y a buscar soluciones.

Mientras los dos pensaban oyeron llorar a la ostra Peladura:
-¿Qué te pasa Peladura? ¿Por qué lloras? -le preguntaron.

–Voy a morir muy pronto, no hay solución para mí:
yo no puedo nadar.

-No te preocupes Peladura, nosotros te ayudaremos,
seguro que se nos ocurre algo.

Quino siempre pensaba que los problemas tienen solución.
En cambio, el cangrejo Casimiro y la ostra Peladura
perdían pronto la esperanza.
Ellos pensaban que los problemas no tenían solución.

El caballito Quino decidió ir a dar un paseo para pensar mejor
y se encontró con el delfín Bailón:
-¿Qué haces tú por aquí? Estás lejos de tu casa
y éste es un sitio peligroso.
Mira allí ¿ves la mancha negra?

Quino vio con espanto la mancha que les amenazaba y dijo:

—Tenemos que encontrar una solución.

Hay que salir de aquí antes de que la mancha llegue.

-Muchos animales y plantas no se pueden ir de donde están,
les llevaría mucho tiempo -le contestó el delfín.
-Ya lo sé. Pero tú que eres muy grande,
¿no los podrías llevar a un lugar seguro?

El delfín Bailón escuchó a Quino con atención y después de un rato dijo sonriente:

-¡Me parece una buena idea Quino!

Como soy grande puedo llevar a muchos animales
y plantas a la vez
y, como soy muy rápido, podré hacer varios viajes.

22

Había que darse prisa y pedir ayuda
a otros delfines y ballenas. Y el delfín Bailón fue a buscarlos.
Entre todos podrían salvar muchos animales y plantas.

Quino regresó a dar la noticia a sus amigos:

-¡Casimirooooo, Peladuraaaaa!

¡El delfín Bailón ha ido a buscar a sus amigos y entre todos nos llevarán lejos de aquí antes de que llegue la mancha negra!

Todos aplaudieron y gritaron llenos de alegría.

24

Al día siguiente, mientras el sol salía,
un grupo de delfines y ballenas se concentraron en la zona
y fueron cargando a todos los animales y plantas
que no podían nadar con rapidez.

Al atardecer estaban muy cansados de hacer tantos viajes pero llenos de alegría por haber salvado a tantos amigos.

26

Ahora al caballito Quino y al delfín Bailón
se les ve jugar juntos en una zona del océano
de aguas limpias y cristalinas.

Y se ve a la ostra Peladura conversar con el cangrejo Casimiro
mientras recuerdan la historia de aquella mancha negra
que un día amenazó sus vidas.

"Cuando hay un problema siempre hay una solución."
El caballito Quino tenía razón.

29
●●••

Cuentos para sentir